LE CRI DU PEUPLE

SOUS PRESSE

———

MAZAS ou *où mènent les doctrines bonapartistes*, drame en 7 tableaux... empoignants.

RAGABAS ou *le vrai Rabagas*, éthopée en 3 satires.

LA FRATERNITÉ, à-propos de la *Haine*, drame international en 5 actes et 8 tableaux, avec apothéose du héros de *Nuits et retraite chantée.*

UN TOUR DANS L'AUTRE MONDE, drame à toute vapeur, avec relâche chez les mangeurs d'hommes, faisant leurs repas à grand spectacle, et apothéose d'Orélie Ier, roi reconnu et avoué.

RADICALES RÉFORMES : *judiciaire, militaire, religieuse, administrative, financière, hygiénique, etc , etc.*, nouvelle édition complétant la constitution.

Prix : 50 centimes

LE
CRI DU PEUPLE

OU LA

REVANCHE PAR L'HÉLIOCENTRIQUE

A-PROPOS DE STATU-QUO DÉRAT...

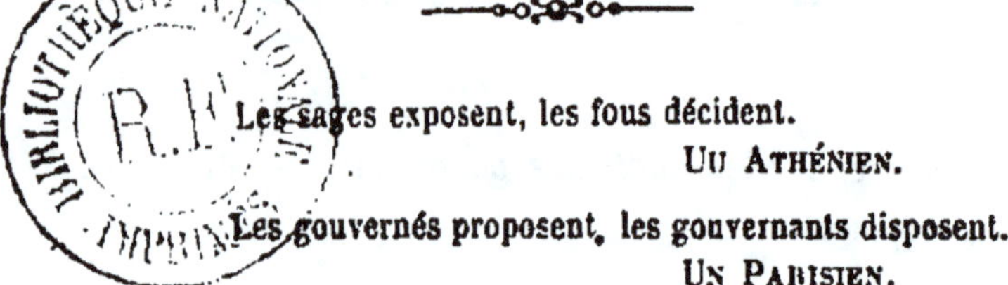

Les sages exposent, les fous décident.

Un ATHÉNIEN.

Les gouvernés proposent, les gouvernants disposent.

Un PARISIEN.

La guerre est une partie liée qui n'a jamais de... belle : 1870 est la réponse à 1810, comme...

Un PHILOSOPHE COSMOPOLITE.

Tous les peuples sont frères. Si j'ai pu désirer le triomphe de la Prusse, c'est qu'elle semblait fatalement appelée à renverser le plus exécrable tyran des temps modernes ! Mais lorsque, au mépris de ses déclarations solennelles, elle a dépassé le but proposé, et auquel applaudissait le monde civilisé, j'ai aidé la France, qui a désormais la glorieuse mission de fonder la paix par la liberté et la fraternité des peuples !

Mandataire de la métropole, et m'inspirant de mes mandants pour dédaigner l'insulteur de tous les temps, j'ai voté la République. La France saura bien faire honneur à son mandat...
Ubi libertas, ibi patria.

Général GARIBALDI.

Prix : 50 centimes

PARIS

EN VENTE CHEZ LES LIBRAIRES

—

1875

DÉDICACE

A Paris, métropole prédestinée des Etats-Unis d'Europe ;

A la jeunesse de ses écoles, vestale incorruptible de la libre-pensée, gardienne vigilante des libertés publiques ;

A son grand génie humanitaire, à *V. Hugo*, inspirateur de la *Ligue de la paix par la liberté* ;

Aux *deux cent mille* des élections vengeresses !!!

NOTE DE L'AUTEUR

Le Cri du Peuple devait d'abord être publié au profit des victimes de nos discordes civiles, ce qui ne pourra se réaliser qu'à l'avénement du règne de la liberté. Puis, nous avons destiné ce profit problématique, hélas ! par les mêmes motifs, *mais qui en aurait amené d'autres*, à la fondation d'une *Caisse électorale* : œuvre essentiellement démocratique qui fera son tour du monde, et que nous recommandons aux députés de Paris ; car les électeurs, s'ils ont le droit de donner un mandat impératif, con-tractuel, à leurs élus, ont aussi le devoir strict de payer les frais de la procuration.

Mais là encore un obstacle s'est rencontré : les fondateurs naturels de cette œuvre qui doit assainir le suffrage — les élus de Paris — ont paru craindre d'être assimilés aux chefs du fameux *Comité de comptabilité de Chilshurst,* dont les résidents ont, *malgré leur déchéance,* fait à Londres un emprunt de *cent millions que la France devrait rembourser au décuple !* si les auteurs de cet emprunt, à l'aventure, pouvaient un jour, en se glissant dans un train de marée, violer le blocus sanitaire qui nous préserve d'eux et de leurs pompes : *Donnez-moi de l'argent et j'achèterai le monde !*

Tel est le cynique axiôme gouvernemental de ces archimèdes de la corruption et de l'intimidation, de ces appétits qui ne peuvent être assouvis qu'en déchirant, dévorant le sein de leur nourrice (1).

Heureusement que la France, dans son malheur, porte encore les stigmates des dents de ces cannibales.

Elle se souvient de ce cauchemar de vingt-

____

(1) Voir les révélations du journal anglais *Daily-News.*

deux années, où le vice faisait trembler la vertu; ét qui, après avoir perverti la France, qui a terriblement expié sa pusillanimité plébiscitaire, aurait, par la capillarité de l'infection, gangrené l'Europe entière, en lui faisant perdre toute notion du juste et de l'injuste, du bien et du mal, du mensonge et de la vérité !!!

Nous mettons donc sous presse, reproduction, traduction et citations permises, puisque la meute en livrée, ci-dessous dépeinte, donne de la voix en attendant qu'elle donne du *poignard sans gants (sic)*.

Aux pompes ! Que chaque pompier oppose son seau sans gants, sinon sans lance, aux eustaches frais émoulus !

Le salut de la patrie est à ce prix : dût la Seine être tarie !

Qu'on se le dise d'Ajaccio à Colysetto !

A VICTOR HUGO

IMMORTEL GÉNIE

Permettez à un frondeur du Parnasse de répondre à vos vers si... académiques, par des vers libres, pour ne pas dire blancs : *Indignatio fecit versum.....*

N'ayant jamais su compter, je ne saurais prendre de la prosodie que ses licences, qui sont comme la permission, moyennant finances, de faire gras en Carême ou dispense de... scander.....

Le Rhythme, c'est le despote !...

Aussi difficile est-il d'unir rime à raison
Que de faire obéir... député à nation !...

A quoi bon parcourir l'espace... pied à pied, quand on peut, d'un bond, atteindre le but ?... Si la statuaire... c'est la nudité : l'idée, c'est le vers... héroïque !...

Lavallière ensorcela un roi par sa claudication ; chevillez une semelle à son talon rouge et le charme est rompu...

Par ma foi, je pourrais bien être poëte, sinon boiteux, puisque j'espère, par mon lyrisme claudicant, ensorceler tous les rois...

Mais Dieu me préserve de devenir versificateur : je veux rester l'irréconciliable de la prosodie comme de la Monarchie.

Mons d'Orléans, défenseur, par état, de tout archaïsme, en haine de la science, qu'il appelle *libertine*, et que je nomme phare sauveur, tient naturellement pour le dactyle et le spondée des grecs et des latins.

Ce que les néo-pharisiens n'osent dire, en bon français, ils le chantent en latin : bien assurés que les bons paroissiens répondront toujours : *Amen, Alleluïa*, etc., etc.

L'hémistiche français, s'il a ses grandeurs, a aussi ses tyrannies : « *Miror magis non invideo quidem !* » dirait le néo académicien des *Débats* ; mais que n'oserait pas dire un de ses nouveaux collègues en immortalité. L'on envie d'autant plus que l'on admire davantage, toute proportion gardée entre un poème et un trône à bras-*arm-chair* ; surtout quand un nouveau prétendant de carton, qui serait le d'*Orléans* des *Bonapartes*, s'il n'en était pas le *Lucien*, vient, sans vergogne, lui troisième et peut-être pas dernier, courir le prix du fauteuil, tant disputé, de la *médiocritacratie.*

Le beau trio de *farceurs* dirait Mgr Veuillot !

Ah ! si le paladin de Froshdorf était livré à lui-même, comme il mettrait d'accord tous ces prétendants de proie, tous ces *steeple-chasers* fourbus : *Dead-heat !* au poteau des refusés. Drapeau « *chiffon* » dit « *l'Univers,* » drapeau de Transnonain, drapeau de *Sedan* et de *Metz*, et drapeau du 18 brumaire et du 2 décembre 1851, tous égaux devant la réprobation universelle, sinon de « *l'Univers* » : Bannière azurée à l'étoile immaculée, unité d'attente !

Voilà l'étendard de l'avenir !

Alors, Henri IV second, sacrifiant dans une grande messe son principe héréditaire au salut de la nation, il fonderait « *l'Union Européenne* » par *l'héliocentrique*, en arborant l'étendard azuré, le drapeau étoilé de la France régénérée : *Res publica, salus patriæ !*

« Dieudonné, lui avons-nous dit avec autant de respect que d'indépendance, le pouvoir doit être et *sera* « *au plus sage,* » c'est-à-dire au plus *libéral* (1) !

« En l'état où le banditisme impérial, succédant au grotesque juste milieu, a laissé la

(1) La droite, ultra naïve, ne compte qu'un membre assez libéral pour dire : *République* ou *légitimité* et *vice versâ.*

France, mutilée et amoindrie, *République est synonyme de patrie !!!*

« Si les doctrinaires du juste milieu, les habiles et *satisfaits* de 1830, aidés des hommes de *Sedan* et de *Metz*, tous impuissants à rien fonder, tant ils sont justement impopulaires, vous appellent aujourd'hui à leur secours, c'est pour vous faire amnistier le *rapt* de la couronne qui devait, en 1830, passer sur la tête du peuple, puisqu'elle n'était plus sur la vôtre. Ce n'est pas pour votre principe : ils n'en ont aucun ! C'est dans l'unique intérêt de leur étroite ambition, de leurs rancunes politiques, de leurs passions réactionnaires enfin. Aussi veulent-ils vous tenir sous leur dépendance parlementaire et tricolore... cette épée de carton suspendue au dôme du Palais-Royal. Ce n'est pas vous qui seriez au gouvernail, mais eux, les incapables fieffés !

Vous ne seriez qu'un instrument baroque, à force d'être bariolé. Oh ! grotesque ! grotesque !

» Vous voyez-vous, chevaleresque Henri, faisant votre entrée (elle doit être nationale et non triomphale !), tenant d'une main un cierge, et de l'autre, en guise de sceptre et d'épée, le Paragon d'*Oliban*, symbôle des apôtres... de la fusion ; et juché sur un char, non pas attelé des coursiers d'Hyppolite, mais piteusement traîné par un coq chaponné autant que fourbu et un aigle affamé autant que déplumé !...

» *Risum teneatis, amici ! Laughable ! lau-
ghable,* disent déjà les Anglais. Ne voyez-vous donc pas que cette macédoine d'incapacités brevetées, révolutionnaires, puisqu'elle pro-voque froidement une autre révolution par ses mesures liberticides, a déjà contaminé votre ca-ractère sympathique par son seul appel à votre complicité ? Laissez, Auguste, votre manteau de cour entre les mains de cette Putiphar sans vergogne, qui refuse de passer la main quand elle est décavée !... Elle vous fer-merait à jamais les cœurs et les portes de la France. Les présents des Grecs coûtent trop cher. Revenez plutôt contre eux, palsembleu ! Il ne suffit pas qu'ils aient imploré votre misé-ricorde ; il faut qu'ils demandent pardon à la France pour les *rapts* de 1830 et de 1851, qu'eux seuls n'ont point encore expiés.

» Votre droit strict, votre devoir surtout, est au moins d'exiger de ces factieux, jouant au *Monck,* une *Constituante,* dont ils n'ont pas le caractère sacré, leur avons-nous dit.

» Le suffrage universel étant *seul* de *droit di-vin,* vous pourrez alors revenir, et j'en serai charmé : j'ai tant chanté le *revenant* quand il était loin de revenir !...

» Car vous le savez, le suffrage-roi n'admet que des représentants de son *self government*, des présidents à temps, ou mieux des protecteurs de la République ; c'est l'appellation que je me plais toujours à vous octroyer : (quoique vous ne puissiez pas être pire que le passé, je ne saurais vous appeler *l'avenir* : ce mot a coûté trop cher en 1848).

» Alors, laissant le char embourbé dans les ornières du passé, vous arriverez précédé de ces mâles paroles de votre hérault d'armes politique : *Amnistie générale, liberté sans restriction ! plus de prétoriens ; la nation entière armée pour sa seule défense ! Plus de juges de la Manche : des jurés et des juges élus ! plus de shammachs : chaque citoyen devant porter son église dans sa conscience !* Vous aurez mis par là le sceau à la réconciliation générale, en désarmant, neutralisant au moins, tous les partis adverses de la République.

» Alors le drapeau fleur de lysé de la maison de France, devenue la maison d'Europe, pourra cravater le drapeau étoilé des Etats-Unis de l'Europe civilisée.

» Alors pâliront toutes les gloires devant celle du Rédempteur du monde, du continuateur de Jésus, ce grand philosophe, ce sublime penseur, ce génie humanitaire par excellence !!!

» Que si vous ne vous rendez pas à ce conseil aussi désintéressé que bien inspiré, c'est que vous serez fatalement aveuglé par la Providence qui, logique éternelle des choses, voudra faire condamner *en dernier ressort* la royauté dite de droit divin, comme ont été déjà condamnés la pseudo-monarchie de 1830 et le bâtard Empire !

» Et alors, ainsi que nous vous l'écrivions en 1871 : « *le cher exilé de la veille sera le banni du lendemain.* » La voix du peuple étant, d'après la sagesse des nations, la voix de Dieu, elle n'admet pas plus *deux dieux que trois*; elle n'admet que son esprit sain.

» Alors aussi nous combattrons le bon combat, en prêchant le refus d'impôts, comme *Genoude* sous le règne du fidéi-commissaire, infidèle à son mandant et traître à la nation non consultée. « *L'Opposition,* » tel sera le titre du journal; nous prenons date, où nous combattrons le roi avec d'autant plus d'ardeur que nous aimons davantage sa personne, sympathique quand même : il se sera trompé de coupe, tant le poison est semblable au baume, et tant les dévouements les plus opposés se ressemblent !

« Et cependant, noble sire, nous savons qu'au débotté vous feriez honneur aux engagements de Charles X, de chevaleresque mémoire, qui, pour obéir au vœu de la nation, voulant se réhabiliter de toutes spoliations légales, avait décidé de prélever sur le fond de réserve de l'indemnité de 1825 le montant des *confiscations argent* (prix du château du V.....) à restituer, aux termes du sénatus-consulte de Floréal, an X, et de la loi de décembre 1814. Fonds détourné de sa pieuse destination par MM. Thiers et d'Orléans qui, par un rapprochement providentiel qui échappera malheureusement à la multitude, viennent, pour leur punition, ou plutôt leur confusion, de s'administrer, c'est le mot : l'un un petit million pour un pignon endommagé par sa faute, par sa téméraire provocation du 18 mars ; les autres, plusieurs millions qui appartiendraient bien mieux à la nation si...

» Mais peut-être cela a-t-il hâté la libération du territoire ?... Alors, nous n'avons plus rien à objecter ; le baiser de Judas ayant mis le sceau à cette transaction occulte, qui valut alors (seulement alors !) aux *donneurs* la reconnaissance, du haut de la tribune aux harangues, de droits constituants que toutes les élections partielles, depuis la paix, leur dénient solennellement, tout mandat nouveau abrogeant virtuellement l'ancien !...

» A vous donc, fils respectueux de la France,

de faire respecter la volonté de votre mère :
Alma parens !... Macte animo, generose princeps ! Revenez comme le *Washington* de la
France, le père adoptif, le protecteur de la République *imprescriptible* ; ou bien ensevelissez-
vous dans votre principe séculaire, qui n'a de
rival ou mieux de supérieur que celui de la souveraineté du peuple, *inaliénable* à jamais ! Mieux
vaut *rester* le dernier des Bourbons que de *revenir* le premier des d'Orléans !!! C'est ce que
vous souhaite le *plus sincère de vos amis*, qui
vous aimerait sans partage, s'il n'aimait mieux
et plus la mère-patrie ; et vous, qui avez aussi
« *monté l'escalier de l'étranger,* » sachez tout ce
que ce mot magique de *France* fait vibrer dans
nos âmes, réfractaires à ces honteuses compro-
missions avec les fauteurs d'empire et de juste-
milieu, ces mancenilliers qui empoisonnent le
sol qui les voit naître, et qui contaminent, qui
infectent même ceux qui fuient leur ombre délé-
tère !!!

» Cet arbre mort, pourri jusqu'à la racine, doit
être arraché pour cause de salubrité publique,
et brûlé dans un *auto-da-fé* national : voilà le
Delinda des preux !...

» Alors plus grand que *Caton* dans son suicide, votre mémoire sera bénie même de votre
vivant. Vous aurez aidé à faire la République

démocratique qui n'a rien de commun avec la pseudo-démocratie de 1830 et de 1852 : ces impasses purgatoires...

» Mais, si plus grand encore, et vous inspirant de votre « *violente amour* » pour la France, vous vous élevez jusqu'à être le *Monck* du droit divin posant la couronne *sur la tête* du peuple-roi...

» Alors la légende de l'enfant du miracle continuera, à dix-huit siècles d'intervalle, celle du Nazaréen, le grand missionnaire de liberté, de justice et de vérité ! » Ainsi avons-nous dit (1873).

Mais le pays, si oublieux, n'a peut-être pas encore assez expié sa complicité plébiscitaire dans ces vingt années d'avilissement impérial qui ornèrent son bilan expiatoire ; puisque les « *méchants* » parlent déjà de faire encore « *trembler les bons,* » et qu'ils préparent d'urgence les cartes bizautées et les « *soupières* » du *Poll* à escamoter, l'appât du butin et l'intimidation aidant, ainsi qu'on vient de le proclamer cyniquement.

Comme si l'appel au peuple plébiscitaire, qui peut faire la monarchie, tout en nommant des députés qui feraient des lois républicaines, ne créait pas un *conflit sans issue légale*, puisque les députés seuls peuvent faire une constitution en harmonie avec le gouvernement de leur choix et *vice versâ*. Aveugle ou félon qui le nierait ! Nous ne redoutons l'appel *trompeur* au peuple *trompé*, que parce que, *horresco referens !* l'expérience de l'Empire nous prouve qu'il fausse l'expression de la volonté nationale : le *Dynamomètre* est brisé !

Nous craignons le mensonge et n'avons d'autre crainte :

On galvanise un mort : on ne le ressuscite pas !

Car il est écrit : *tout pouvoir restrictif de la liberté tombera quand même !!!* Et « *l'Empire libéral* » des naïfs, c'est la quadrature du cercle, la pierre philosophale de tous les aventuriers ! (voir leurs professions de foi républicaine de 1848.)

L'Empire est à la royauté légitime, que le temps seul suffit à démoder, ce que la lisière est au drap : une monarchie baroque, sans principes, usurpant un titre menteur, et conduisant fatalement à la guerre et aux révolutions violentes, quand ceux qui l'ont inconsciemment *votée*, ou leurs descendants, reconnaissent enfin leur erreur.

En République, rien de pareil : le chef de l'exécutif tombe constitutionnellement, pacifiquement : *là est le gouvernement national !* car toute révolution est caduque qui ne fait pas progresser l'humanité et ne magnifie pas le vrai Dieu : *la conscience divinisée !* — *Sanction :* tout politique incapable en *pratique*, sinon en théorie, doit être, pour cause de salut public, mis hors le suffrage ! Tout détenteur du pouvoir, député ou ministre, devant être responsable devant le pays, même du bien qu'il ne sait pas faire : la paix, la liberté, le bonheur des peuples, sont à ce prix !!!

Ma digression, que l'actualité commandait, étant terminée, et, allégé de cette modestie qui n'est que de l'orgueil de faux aloi, je vous dédie, ô poëte, ma *poëtry*, sans votre autorisation : les grands appartenan t à tous, comme le clocher à la paroisse. C'est leur raison, leur condition d'être, sauf à être foudroyés ou exposés à subir le sort des grands pavots de Tarquin.

J'ouvre, ici, une parenthèse pour vous dire, ô poëte, plus grand citoyen, qui planez dans l'éther, que vous vous êtes peut-être bien laissé trop ingénuement détrôner, sinon décapiter, par Tarquin-Versailles.

M'inspirant des volontés de la nation, j'aurais dit à ce Tarquin incoyable, plus *tenace* que *juste*, et sans mandat pour constituer autre chose que la paix ou la guerre au nom de la République *existante :*

Je suis, ici, chez moi, c'est à vous de vous dissoudre !

Alors, *tous* devaient vous *suivre*, ou bien vous deviez *rester !*

Et nous n'aurions pas été privés de vos philippiques véhémentes, de vos fières objurgations, de vos fulgurantes apostrophes aux usurpateurs, de vos patriotiques catilinaires du *delenda versilia !* En attendant, nous avons la *confusion.*

Génie international, vous nous devez, par compensation, le chant ultime de la « *libération du territoire* » : *la délivrance du monde !*

Droit de cité universel oblige !

Ce chant de rédemption, répercuté, d'écho en écho, jusqu'aux confins de la terre, couvrira tout le bruit qui se fait dans la cité usurpatrice : ce ne sera plus qu'un vain son à peine susurré : le *cri d'en haut* aura arraché le trait des mains des conjurés : *Telum imbelle sine ictu.....*

Sur ce, poëte humanitaire, que le Dieu des nations vous conserve pour la garde des peuples.

THREESTARS
Vir reipublicæ constituendæ.

POST-SCRIPTUM

Les *manifestes* de juillet et décembre 1874, pour ceux qui connaissent son auteur, veulent dire absolument ceci :

« Français, vous avez fait la terrible et défi- nitive expérience du césarisme liberticide et du *constitutionnalisme « d'importation étrangère.* »

« Il ne reste donc plus en présence que deux principes d'origine également divine : d'un côté, le principe de la chose publique : *res publica*, principe de l'avenir, dont l'instruction, la diffusion naturelle et obligatoire des lumières amène fatalement l'heureux avénement, par le seul despotisme de la science, c'est-à-dire par le triomphe éclatant de la vérité sur l'erreur séculaire : vérité de la veille, mensonge du len- demain.

« De l'autre côté, le principe essentiellement temporaire de la royauté traditionnelle que je représente et qui, s'il était mutilé comme quelques-uns le désirent, ne serait plus qu'une demi-vérité hypocrite, c'est-à-dire un mensonge, et dès lors une impasse nouvelle, sans prestige pour le trône ni pour la nation : se neutralisant dans la lutte des prérogatives nationales contre celles du roi, et conduisant non moins fatalement au despotisme par en-haut ou aux révolutions par en-bas.

« Qu'il s'appelle *Bourbon* ou *peuple*, le souverain doit être absolu ! C'est là son unique raison, sa seule condition d'être pour faire le bien. *Où le roi n'est pas absolu, le peuple mérite* de l'être ! Le roi dit constitutionnel ou césarien, c'est le coq parasite, c'est l'abeille ou mieux le frélon du coche : le roi absolu, c'est le tuteur responsable devant Dieu, d'où son droit divin ; mais seulement jusqu'à émancipation... prétexte, jusqu'à virilité du pupille ; jusqu'à ce que le niveau de l'intellect national ait atteint... la moitié plus un !

« La monarchie est absolument un pouvoir de temps et de lieu, ne devant jamais *s'imposer ni survivre d'une heure* aux causes qui l'ont fait naître : le Rabélisme social, provenant de l'incapacité du grand nombre ! ce niveau intellectuel, je le dis avec orgueil, est atteint, et sera promptement dépassé par la Providence, qui réserve les plus hautes destinées à notre chère patrie, initiatrice née de tout progrès cosmopolite, *première* et resplendissante étoile de l'*Union Européenne*. Aussi ai-je dit que tous les princes de la maison de France étaient à mes côtés, afin de les empêcher de se Broglier contre la nation, qu'ils convoitent trop habilement !

« Mieux vaut donc, avec V. Hugo, « *ne pas entrer que mal sortir !* »

« Je le dis aux superbes de la liberté, aux aristocrates de la pensée, qui savent lire entre les lignes des manifestes :

« *Le roi de France est mort.*

« *Vive la République internationale !* » .....

Bien... au superlatif.

Henri le Grand, la France libérale et chevaleresque vous remercie pour ces nobles paroles.

L'histoire dira que vous fûtes le véritable fondateur de la *grande République !*

Décembre 1874.

LE CRI DU PEUPLE

INTRODUCTION AU « *Statut National* ».

> *Fo parte du me ;* Ni pour le Pape, ni pour l'Empereur :
> pour la Liberté !
>
>   ***

A vous qui disposez de par droit du plus fort,
Quand le peuple propos' par le droit de son sort ;
A vous félon vassal, niant soumission
A votre suzerain, criant : solution !
A vous tous qui clamez : droit de pétition !...
Pour le transformer en mystification.
A vous, monarchistes que le destin aveugle ;
A vous tous, qui toujours évincez le peuple...
A vous, sacrilèges ! qui, dédaigneux du droit
Inné, portez la main sur les élus du peuple ;
Quand le *Reichtag*, lui-même, bien moins que vous aveugle,
Les dit inviolabl' et vous refuse ce droit.
A toi le centre droit, qui indemnise les princes
Avec l'indemnité du pauvr' que tu évinces ;
A vous tous, rénégats du congrès de Nancy,
Qui, sans foi, sans pudeur, désertez votre loi :
Décentralizing bill (1) *common s'autonomy,*

(1) Décentralisation dépasse le lit de procuste de l'hémistiche.

Pour ces engins de guerr' : l'Empereur ou le Roi.
A vous conservateur, politique incapable,
Qui, gardant l'superflu, prenez l'indispensable ;
A vous qui décuplez les impôts indirects,
Pour alléger toujours ceux qui vous sont directs ;
Qui frappez la pensée dans le papier sauveur
Afin de protéger votre luxe trompeur !
A vous, *économists*... d'un parlement rural,
Qui niez aux pauvres leur droit *paraphernal !*
A vous, les *vingt :* façon de chauvin *fanfaron,*
Qui rend l'oriflamme au second coup de canon !
A vous, hommes liges de celui de Sedan,
Qui, sans pudeur, mendiez « *seuls l'appui* » du *uhlan !*
A toi, légitismist', qui te « *désintéresse* »
Quand Bourgoin a reçu de l'argent qu'il confesse !
A vous qui, plagiant le despotique empire,
Révoquez ceux que la libre jeunesse admire !
A vous qui, détenteurs de la chose publique,
Ne sûtes, — la voulant ! — fonder la République !
Non pas cette bâtarde, éphémère d'un jour,
Mais la grande, la vraie, qui doit vivre toujour !
A vous, *les Trente*, qui traitez la République
Nationale, comme une femme publique...
A vous, reboulonneurs du néo-chauvinisme,
Par vous just'ment flétri dans le bonapartisme ;
A vous, qui, provoquant les *conflits*, la terreur,
De l'odieux Empire amoindrissez l'horreur !...
A vous, les *Sanchos* de la pseudo-revanche,
Qui suivez humblement le *Don B... de la Manche !*
A vous, preux chevaliers du manche, amis de l'ordre,
Qui servez de poignée à tout sabr' de désordre !...
A vous, du vingt novembre incorrigible cigogne,
Quand les centres, repus, eux, faisaient tous vigogne !

A vous, majorité d'eunuques politiques,
Pénélope inféconde à force d'abortifs,
Plaine en mal d'enfant, sous le *forceps* des naïfs,
Accouchant, sans douleur, sans lait, d'un *rat* (1) étique,
Rat à poil, suçant le lait de la République
Jusqu'à ce que, à son tour, il le lui communique :
Quand notre parlement, trop déconsidéré,
A l'étranger mêmes, aura enfin émigré !
A vous, Machiavels ! qui prenez le vocable
Républicain, le seul d'être agréé capable,
Pour le mieux ruiner par vos infanticides,
Vos félonies, vos faits, vos lois liberticides !...
A vous tous, fusion de la confusion,
Ne laissant que scories, cendre à la Nation !
A vous tous, Prussiens... dits de l'intérieur,
Du droit national... Attila contempteur !
Force prime tout droit ! a dit le Prussien...
La force fait la loi ! dit notre Broglien.
Il est cependant loin le vainqueur mérité...
Emportant tout, hélas ! gloires et liberté !...
L'assiégeant parti, pareille est l'attitude :
Les fléaux alternant, nous pouvons voir toujour,
Sur le *Forum* désert le fer de servitude ;
Le *Cosak* tricolore après le vert Pandour.

. . . .

« *Je ne me trouve pas délivré* » quand je vois,
Du navire entraîné, le pilote aux abois,
Sous l'euphemique abus de l'état de siége,
Rober nos libertés écrouées au piége ;
Quand, judaïquement bâillonné, sans flambeau,
Je me sens enterré vivant dans un tombeau ;

(1) (Stathoudé... rat).

Et quand dans ce tombeau gît la France en Paris,
Quand sont tous les penseurs voués aux piloris,
Je dis la majesté divine violée,
La raison offensée, la morale outragée,
Les esprits sans flammes, l'humanité amoindrie,
L'intelligence en deuil, tous les cœurs sans patrie ;
L'homme diminué, las de son impuissance,
Et j'appelle le monde à son indépendance !
La Liberté n'est plus, si l'on peut la ravir !
Sursum corda ! partout : l'on veut nous asservir.
Liberté qu'on octroye n'est plus la liberté :
C'est aumône à vilain, don de la royauté !
Intrépides héros de tous champs de carnage,
Apprenez le civil, le vrai, le seul courage !
Conscients, ne craignons de Thémis les propos ;
Jusqu'à la délivrance, amis, plus de repos !...

.   .   .   .

L'impôt, sous quelque nom qu'il nous soit décrété,
N'est que le prix admis de notre liberté !
L'une étant supprimée, l'autre n'est jamais dû !
Entre César et Dieu jugeait ainsi *Késu.*
Aux urnes, citoyens !... Que chaque bulletin,
Seule arme invincible, renverse un Philistin !...

.   .   .   .

Vous aurez fondé lors, par ce vote normal,
Le radical statut et détrôné le mal.
Vengez du suffrage les trop nombreux exclus,
Si vous ne voulez que demain il ne soit plus !
Le mandataire d'hui, détruisant son mandat,
En le dénaturant, vise un autre attentat !
Ah ! j'étouffe, à la fin... Las d'entendre crier,
Ils m'ont muré là, où je ne puis soupirer

Qu'après l'ère sacrée, par le messie prédite,
Aujourd'hui remplacée par la chaîne maudite.
Nommée restriction, censure, « *ordre moral* »,
Poussant, d'un cœur léger, par le code pénal,
Déraison des-Etats ! au bien nommé *combat* :
Prélude ténébreux de tout bon coup d'Etat.
Car le peuple dira tôt à l'usurpateur,
N'osant passer la main comme un mauvais joueur :
J'ai fait quatre-vingt-neuf sans le pouvoir atteindre ;
Par deux fois dépassé, de sang je l'ai dû teindre ;
Aujourd'hui, j'ai trouvé : bien compté, le vrai nombre
Mettra la liberté là... où était sa pâle ombre.
« Non, je ne suis pas libre... ô, tremblement de terre ! »
Que je sens sous mes pas, tu seras le « cratère »
Qui s'ouvre en grondant sur le conservateur,
D'un passé condamné. C'est lui que le vengeur
Etna menace (1) en vain, quand mon cœur oppressé,
Murmure, en le voyant à tous maux empressé :
Tant qu'à la mèr' patrie manquera un seul enfant,
Tant qu'à la liberté manquera un seul fleuron,
La France, anxieuse, restera en mal d'enfant,
Et l'Europe, ennemie, forgera son canon !...

. . . .

Puisque Paris se traîne, humble, captif du somme,
« On fait la guerre aux rois d'où sort la paix des hommes
Là-bas, je vois Genève et l'heureuse Helvétie,
Et la sainte ligue avançant ma prophétie :
Anglo-Saxons, Slaves, Ibériens, Germains,
Latins, scandinaves, tous la main dans les mains !
Quoi ! vous n'entendez pas, tandis que vous chantez,
De ces pieux croisés les hymnes enchantées ?..

(1) Poésie imitative du cauchemar.

Le grand-tout surhumain fit tous les hommes frères !
Ça dura tant qu'*Astrée* fut seul point de repère,
Tant que *Sem*, primitif, n'inventa frontière,
Ni le fauve, traqué, sa noire tanière.

. . . .

Bien plus tard, les repus, fils de Caïn damné,
Voulurent le pauvre assujetti et condamné.
De ce jour, commence un vol dit propriété,
Changeant de voleur à chaque société.
(Après les chevaliers, seuls défenseurs du sol,
Le rapace bourgeois, privilégié du dol ;
Aux preux, monopole de tout pur héroïsme,
Aux satisfaits de... *50* — tous genres d'égoïsme).
Notre société, disons-le : c'est le mal !
Privilége du riche est le droit social...
« Le premier qui fut roi fut un soldat heureux... »
Glorifiant la force au détriment des cieux !
Le sol, comme peau d'ours, devint dépouille opime :
Du vassal au roi, tout fut légale rapine !
Le *Créeur* (?) mécontent, par don régalien,
Suscita Jésus-Christ pour tomber le païen...
En prêchant le règne de la fraternité,
Et mettant partout Dieu dans son humanité :
Ce Dieu–conscience que je mets à la place
De la triste hypothèse admise par *Laplace*.
Mais pour des pauvr' d'esprit, tout est surnaturel :
Disette, déluge et pluie de sauterelles...
Les sept plaies, ces fléaux de toute éternité,
Sont miracle avoué du Jupin irrité...

. . . .

Messie du sacristain, vint un autre Larron :
Du Temple (1) le marchand, le *shammach* serf d'tron,

(1) Rien du député de ce nom,

Vivant de Phylactère en saint Israélite :
Comme encore du verbe l'avocat jésuite,
Comme de l'agio tout bon spéculateur,
Comme des sottises humaines, l'exploiteur !
Toujours mal conseillé, le peuple aida le roi
A renverser les grands, qui lors firent la loi.
Il avait cru sauver ses fuéros, ses... us ;
Il avait travaillé pour ce bon roi de Prus'...
Evangile et *Védas*, tous deux adultérés,
Ce sont le Talion, le crime invétérés.
Sans nul doute, il fallait au sujet du *créeur*
Cinq mil ans de soleil pour avoir sa couleur.
L'astre divin a fait assez la lumière :
L'homme, à présent, raisonne à sa manière...
Moins chauffée, la fougère-arbre devient brin d'herbe ;
Mais, plus ensoleillés, naissent Pascal, Malherbe.
Tous les fils du vrai Dieu proclament qu'ils sont frères,
Que le chauvinisme espace de frontières.
De cet *Eureka* naît le suffrage sauveur,
Décrétant de l'exil tout césar, faux docteur...

. . . .

Il est vrai que bientôt tous : *shammachs*, prétoriens,
Judicants (?) compteront avec les citoyens !
« Je calcule combien il faut de temps encor »
Pour que les « archers noirs » n'embouchent plus le cor.
« J'aperçois là-bas Metz, là-bas Strasbourg, là-bas »
Notre avant-port ami finissant les combats ;
Et les beaux enfants blonds, bercés dans *mes* chimères,
« Souriants : » et je songe au bonheur de leurs mères.
O, poëte, si voyant, vous direz lors : « Je vois »
« Ceux-ci rire, ceux-là chanter à pleine voix »
« La moisson d'or, l'été, les fleurs et la patrie »
Edenique, toute au bonheur, ma rêverie :

Donnant tout par surcroît : paix, ordre et liberté,
D'où naissent concorde, amour et fraternité,
Abolissant le mal : subvention vénale,
Curée chaude jetée à la meute impériale :
Ce vautrait à tout fair', métis de bricoleurs ·
Mi-partie beaux hurleurs et mi-partie cogneurs ; (1) ·
Et d'autant mieux gorgés qu'ils ont le cou pelé
Par le collier d'attache, intérèt appelé ;
Se vautrant aux relais ; mais dociles au fouet
Tout autant qu'à la tromp' : sonnant le vol... ce l'est !
S'ameutant à la mort, et, retraite manquée,
Donnant au carnage, à défaut d'autre curée !!!

. . . .

Pour chanter cette band', forçant même Mazas,
Il faudrait notre ancien, le marquis de Foudras,
Lorsqu'au courtois journal de tout libre veneur,
Mac-Mahon, Paskewitsch hantaient votre serviteur,
De la plume, soit dit : Mac, le veneur d'Afrique,
Lançait son trait de fronde ou mieux sa République,
Quand, nous, nous chassions le renard aux flambeaux,
Avec juge, avoués disant : Frondeur, tout beau !
Quatre articles, assez ! *Ernest* le *factotum*,
Dit comme Bellonne : C'est mon *ultimatum.*
. . . . *sit divus*
. . . . *dum non sit vivus* !

(1) Des cogneurs, à gages, peuvent seuls menacer des mandataires
du peuple de leur « imposer silence » et des *impatients* peuvent seuls
condescendre à leur répondre autrement qu'avec la lance du pompier.
On laisse ces Camorristes, ces Zapties, ces détectives à l'anti-
chambre du *pilori* où l'histoire d'Audiffret a exposé leur maître, d'expiatoire souvenir : Ils le font grand pour paraître moins *petits !...*
shame for ever !!!...

Lors, c'était le beau temps de *Monarque et Faublas ;*
La terreur au bandit avait donné les as.
L'écho répétait seul : « *Ratapoil* (1) Saint Arvaux,
Rrran sur toute la lign' : j'ai la clef du Trésor !...
Bien ! suis content de vous, mes piétris agneaux »
Echo vengeur ! dis-le encor à cris et à cor :
Plébiscitaire aveugl', cette clef ensanglantée
Ouvrira à l'étranger la France condamnée.
Tout aussi longtemps que, de par le Talion,
Tu ne seras purgé de tout Napoléon !!!
Le piqueur. grand roué, n'a-t-il pas sériné
Son petit boniment à l'aiglon-sot mort-né ?...
« *Mon empire est la paix* » après invasions,
« *Comme les libertés !!!* avec exils, prisons !...
L'aigle et le coq-chapon déplumés, sous la pluie,
Fusionnent tous deux sous même... parapluie :
Comme du noir égoût. chaque immonde secteur
Conduit sa part de fange au central collecteur !
Gloire au preux de *Froshdorf*, le seul incorruptible :
(L'autre eut tout accepté !) Diamant n'est fusible !...
Paix aux mânes de Chambord : *Le trône en déshérence*
Fait la République de par la Providence !
Car la République... c'est pour tous la Patrie !

(1) Ratapoil, lors, était le chef de la bande dite des décembriseurs
ou décembraillards, *reconstituée sur la base du partage du butin
futur et passé,* sous le nom comminatoire de « comité, » de comptabilité ! de l'appel au peuple plébiscitaire !...

« Harloup ! harloup !...

« Gare à tes moutons, Collette !...

« Harloup ! harloup !...

« *Fanfare nouvelle* ».dédiée au baron de Poilly, par M. Léon Ber-
trand, auteur des paroles et de la musique.

La trompe fait bien contre le loup ; elle *appuie* les pompes pour ne
pas dire les pompiers...

C'est le porte-respect, la *revanche accomplie*
Sans fusils, sans canons : par l'*héliocentrique*,
Formant d'attraction *amorce germanique*...
Les cieux, interrogés, répondent à la fin :
Je vois, je sais, je veux !... Qu'on m'obéisse, enfin !
« Quand des frontières sont par la force usurpées : »
On les reprend avec cet aimant que Pompée
Dédaigne : Affinités ! ce grand verbe d'amour
Qui, déposant César d' par la fraternité,
Fait de la liberté le seul réel séjour,
L'internationale et vraie société :
Sir Richard Wallace, as the Knight Garibaldy,
Glorious citizens in the free new country ;
J'onh-Bull and sir... Chauvin inter-home-rulers. (1)
As Washington, hugo great Republic's leaders !
Notre drapeau étoilé, pouvant les abriter,
Peuples, dans notre orbit', voudront tous graviter...
Lors, du « peuple gisant, » le flanc n'est plus ouvert :
« Avril peut rayonner, le bois peut être vert ; »
« L'arbre peut être plein de nids et de bruits d'ailes ; »
Car « les tas de boulets noirs dans les citadelles »
Auront l'air de rêver et de rire parfois,
En voyant ces canons, muets pour une fois,
Ecoutant *ma* voix qui, fermant l'ère tragique,
« Souffle à tout cet airain farouche ma logique : »
Enfantant, à la fin, la grande République :
Gloire, amour, liberté, paix, bonheur : ère attique.
Le Paradis trouvé chantera : *Te Deum* »
Le passé entonnera son grand *Miserere*
Jéovah tonnera : *qui feci me me adsum !*
Dieu-peuple signera : *moi roi, Yo el Rey !*

Hosannah !

(1) Var. *Cosmopolit's rulers.*

STATUT NATIONAL

REVANCHE DE LA FRANCE

Ubi libertas ibi patria !

DÉDICACE

A Garibaldi, ce roi de Naples *in partibus fidelium;* ce grand caractère qui est une injure vivante pour ceux qui n'en ont pas.

Au héros de *Nuits,* à la gloire duquel rien n'a manqué, pas même l'insulteur !

Cette constitution radicale que nous offrons au peuple, qui doit l'imposer à ses mandataires, comme le *Palladium* et le *criterium* de la civilisation humaine, est réduite à sa plus simple expression politique et sociale ; elle est comme sublimée dans son essence, afin que ses rouages constitutionnels, toujours perfectibles, ne puissent jamais faire obstacle à la libre expansion de la vie des peuples.

C'est la table du banquet divin, pouvant toujours s'allonger pour les convives de la fédération internationale.

C'est le temple, aux horizons infinis, destiné à abriter bientôt tous les Etats-Unis !

Exegi monumentum libertatis !

INTROÏT

A la France

Gaule des preux, France chevaleresque, berceau des « *droits de l'homme,* » si tes hautes destinées t'appellent à être bientôt la métropole des *Etats-Unis d'Europe,* c'est que ton cœur bat à Paris et que ta main y contre-signe les décrets de l'émancipation universelle.

Paris, ton mandataire, Paris, à qui ta gratitude doit désormais un blanc-seing d'union fraternelle, Paris, la cité phénix qui renait toujours de ses défaillances d'un jour, Paris, où le génie du bien vit du spectacle du mal, où *Rabagas* est officiellement encouragé, quand « *Ragabas,* » le vrai Rabagas, « *la Fraternité,* » en haine de « *la Haine* », « *l'Honneur sans l'argent,* »

« *le Nazaréen,* » et autres œuvres de la libre pensée, sont ténébreusement censurés.

Paris, la reine du monde, la Lutèce cosmopolite, vient de briser ton dernier servage, en décrétant l'autonomie communale, ce *Palladium* des libertés nationales !

La liberté, c'est la vie des peuples ! *Il n'y a pas d'autre question* : la liberté, sans restrictions fallacieuses, c'est la forme de gouvernement voulue, avec les réformes sociales désirées ; c'est le *suffrage-roi* fécondant la *reine* des nations, aux applaudissements des peuples amis, répudiant dès lors les lois barbares des dynasties conquérantes, pour entrer fraternellement dans les voies divines de la paix et de la civilisation : République est aujourd'hui synonyme de patrie : *Res patriæ, res publica !*

Si, au gré de ceux qui voudraient t'ensevelir dans le suaire monarchiste, le sang généreux de Paris ne circulait plus dans tes artères, le progrès humain cesserait de battre à ton pouls prédestiné aux grandes choses.

Donc, battement pour battement : solidarité étroite dans l'union politique et dans la liberté absolue, à l'ombre seule desquelles la science sociale peut s'épanouir et porter tous ses fruits bienfaisants !

Que notre constitution radicale, amorce internationale, qui peut seule, par ses affinités sociales, régénérer la nation, atrophiée par vingt années d'avilissement impérial, succédant à dix-huit autres années de royauté grotesque, où le sceptre était tombé en parapluie ; que cette constitution normale soit maintenant pour toi le *criterium* du civisme et de la liberté !

Impose la à tous tes mandataires de tout ordre, comme unique moyen de salut.

Toute réforme qui n'est pas *radicale*, est comme toute demi-vérité, un mensonge !

Et la vérité absolue est seule d'essence divine : l'autonomie communale est le mouvement du chronomètre qui marque l'heure des peuples civilisés. *Caveant cives !*

Constituants ou réviseurs de demain, soyez les dignes représentants de 1789 et de 1848. La patrie en danger vous adjure de la sauver en la régénérant.

Au lieu de discuter des lois fallacieuses, votez d'urgence, dans ses articles essentiels, ou dans son esprit, au moins, cette constitution rédemptrice, que la nation pourra réviser plus tard, s'il y a lieu.

Caveant constituantes !

Aux nations libres ou qui veulent le devenir.

A vous, maintenant, Germains, Scandinaves, Teutons, Slaves, Anglo-Saxons, Ibériens, Romains de la renaissance, Américains de l'indépendance, éléments divers du peuple Dieu de l'avenir, à vous de *sanctionner* l'œuvre décrétée de toute éternité, en abritant vos libertés nationales, premier de tous les biens, sous les plis étoilés de notre bannière internationale, que salue déjà sa sœur trans-Océanique !

Bebel et *Sonneman*, *Dilke* et *Bradlaugh*, ombre de Manin, incarné dans le héros de Nuits, que la légende posthume placera près du *Nazaréen* ; vous tous, citoyens du monde, instruments suscités comme lui pour la délivrance des peuples, répondez à notre *sursum corda !*

Pierre l'Ermite d'un monde sans confins géographiques, nous levons l'étendard de l'avenir contre le passé ; nous prêchons la sainte croisade des peuples contre leurs maîtres !

Les maîtres ne sont faits que pour les esclaves : le gentil-homme, c'est l'homme libre, ainsi fait à l'image de son créateur ! A cette voix rédemptrice, répondez par ce cri de ralliement fraternel : *Union des peuples !*

A nous, tous ceux qui pensent et qui espèrent !

Notre *constitution nationale* est la *charte* en gestation cosmopolite, le statut divin *octroyé* à tous les hommes dignes de ce nom.

C'est la vérité rayonnant aux extrémités de la terre ; c'est le mirage consolateur à l'horizon ; c'est l'idéal Edénique, Elyséen, qu'il vous appartient de réaliser. C'est votre bien ! prenez-le, répandez-le ! Soyez ses premiers propagateurs, pour l'honneur de mon pays, que je fais vôtre. *Eureka !*

Le grand arcane, la pierre philosophale du penseur, le moteur par excellence sont trouvés !

Abolition des armées permanentes, qui entretiennent les dynasties belligérantes en même temps que les serfs-sujets qui en sont les porte souffrances.

Suppression du budget des cultes, qui entretient l'irréligiosité par le scepticisme, au détriment du *Dieu conscience* et du dogme *spirituel*, dont le *temporel* a été banni par son fondateur chassant les marchands du Temple.

Inauguration de l'impôt unique sur le superflu, à l'exclusion absolue de la part réservée à *l'indispensable* de la vie, à ce *paraphernal* incessible et insaisissable : le tant pour cent de *l'impôt assurance* devant être progressif et proportionnel au superflu.

Substitution de la *justice démocratique*, avec *mono-juridiction* et *juges élus ou jurés*, à la justice *féodale*, qui fait de chaque juge assis où à asseoir surtout, un homme-lige du pouvoir et un fauteur de guerres intestines : *Divide ut impera et impetra !*

Avec ce quatrain, qui contient en germe tous les progrès, la science sociale s'affirme comme un bienfait primordial. Voilà la grande œuvre que notre siècle doit avoir l'honneur de promulguer ! Après la cigüe, la manne céleste.

Alors, plus de guerres barbares de peuple à peuple, d'homme à homme. L'ère des révolutions stériles est à jamais fermée : un seul peuple, un seul dogme, un seul dialecte : entité divine conduisant à la félicité par la perfectibilité ! Une seule loi, la mutualité, abolissant le passé avec toutes ses servitudes et inaugurant l'avenir par la liberté, seul affranchissement des âmes ! on datera de l'ère nouvelle, du cyle d'or de la *Terre-Promise*, et à l'âge de fer et de sang, où aura disparu le dernier César, succédera l'âge de la science, l'ère des *peuples-rois !* Le *statut national* sera le statut universel ! Et Dieu, souriant à son œuvre de lente délivrance, tournera un feuillet du grand livre de l'humanité !

Caveant gentes !

CONSTITUTION NORMALE

LA COMMUNE AUTONOME

DANS L'ÉTAT REPRÉSENTATIF

PRÉAMBULE

LES DROITS DE L'HUMANITÉ SONT ANTÉRIEURS ET SUPÉRIEURS
A CEUX DES MONARQUES

TITRE PREMIER

ARTICLE 1er

Pouvoirs publics

Le pouvoir réside dans la nation souveraine, représentée par son assemblée nationale. Le souverain ne se jurant pas fidélité à lui-même, le serment, sous toutes formes, est aboli.

L'Assemblée est composée de députés ou mandataires du peuple qui discutent et votent les lois et réglements d'état. Elle peut, pour être permanente, déléguer ses pouvoirs, sans les aliéner jamais ; le souverain du jour n'étant que l'usufruitier de la souveraineté du lendemain.

Le suffrage universel, émanation de la souveraineté nationale, est SUPÉRIEUR à toute loi restrictive de son omnipotence.

Les séances des assemblées, ainsi que celles de tous les Conseils électifs, sont publiques.

L'élection a pour base la population : Il y aura un député par 33,000 habitants.

Il n'y a pas d'élections partielles.

Les députés sont élus par le suffrage universel et direct, et au scrutin de liste départementale.

Ils sont nommés pour quatre ans. Ils reçoivent une indemnité mensuelle de mille francs. Ils doivent toujours compte à leurs mandants de leur mandat, qui est impératif pour tout candidat.

Tout citoyen majeur et sain d'esprit est électeur ; tout électeur est éligible. Tout élu, se devant exclusivement à son mandat, ne pourra occuper aucun emploi public. Chaque département forme une circonscription électorale.

Le vote a lieu à la commune ; le suffrage est libre, et comme première sanction de liberté, la commune est autonome.

Toute pression abusive pour détourner ou influencer les votes est punie conformément aux lois ; la peine sera double pour tout contrevenant fonctionnaire public.

L'Assemblée nationale nomme :

1° Un Président et des vice-présidents législatifs qui dirigent les débats et sont nommés à chaque session, ainsi que les secrétaires et les questeurs ;

2° Un président et un vice-président d'Etat, élus pour trois ans, et choisis dans son sein.

Le président d'Etat représente, à l'extérieur, l'assemblée nationale, mandataire de la nation. Il fait les traités, sauf ratification.

Une dotation est afférente à la dignité de président d'Etat.

La loi des finances en fixe le chiffre annuel.

Le vice-président d'Etat administre. Il dirige seul l'administration au moyen de sous-secrétaires d'Etat, qu'il nomme ou révoque directement ainsi que tous les fonctionnaires publics.

La présentation du budget rentre dans ses attributions. Il reçoit un traitement mensuel fixé par la loi de finances.

A l'ouverture de chaque session, le président d'Etat présente le compte moral de sa gestion, sous forme de manifeste auquel l'assemblée nationale répond solennellement pour indiquer ou affirmer sa politique, dont le président d'Etat doit être le fidèle interprète.

Une commission des comptes vérifie et contrôle les comptes effectifs du vice-président d'Etat. Le personnel de l'ex-cour des comptes prépare le travail de vérification.

Les président et vice-président d'Etat sont seuls responsables, chacun en ce qui le concerne, devant l'assemblée nationale, qui peut toujours les révoquer, ensemble ou séparément en procédant à de nouvelles élections, sur une demande, même non motivée, signée par la majorité des membres ou une pétition populaire signée par le tiers des électeurs.

Le peuple a le droit souverain de pétition même contre ses mandataires. Toute pétition, pour être constitutionnelle, devra être déposée au secrétariat de l'assemblée nationale qui en donnera récépissé, ou être remise directement par un membre de cette assemblée. Elle devra être rapportée dans le mois du dépôt.

Toute pétition demandant la dissolution de l'assemblée ou la révision de la constitution, et légalement revêtue des signatures de la moitié des électeurs, entraînera de droit une réélection générale dans le mois du rapport.

Le comité de permanence et la cour suprême veillent à l'élection et à la réunion de la nouvelle assemblée.

Un conseil législatif, nommé par l'assemblée ou sa délégation, élabore les projets de loi et réglements qui lui sont adressés par cette assemblée, à qui seule appartient l'initiative. Le personnel de l'ex-conseil d'Etat sera chargé du travail sous la haute direction du comité législatif élu.

Les traitements, tous mensuels, indemnités ou pensions, sont fixés par la loi de finances.

Les emplois sont donnés au concours, et l'avancement à l'ancienneté de services.

Le droit de faire la guerre ou la paix appartient exclusivement à la nation, convoquée à cet effet dans ses comices.

L'Assemblée nationale législative se réunit dans le mois de son élection, pour ne se proroger que lorsque son ordre du jour est épuisé, et après avoir nommé son comité de permanence, à qui tous pouvoirs sont ainsi délégués avec mission de convoquer l'Assemblée en cas d'urgence.

En dehors du service ordinaire, aucune force armée ne pourra être réunie sans le triple ordre écrit du président d'Etat, du maire de la capitale et du questeur *ad hoc* désigné par l'Assemblée pour veiller à la sécurité de ses membres et à la défense des libertés publiques, sans empiéter sur les franchises communales, que tous les citoyens doivent protéger ainsi que l'Assemblée nationale.

Tout attentat par la force contre la souveraineté de l'Assemblée nationale ou de l'autonomie communale est puni par le bannissement perpétuel de ses auteurs.

Si l'attentat réussissait par surprise, ou autrement, les citoyens seraient tenus de refuser l'impôt d'état jusqu'à la réunion de l'Assemblée nationale Constituante, qui devra de plein droit avoir lieu dans le délai d'un mois, avec l'aide ou l'initiative des conseils départementaux qui, d'après les lois organiques départementale et communale, devront se réunir d'urgence, convoquer les comices électoraux, dont la réunion est de droit, et siéger en permanence jusqu'au rétablissement des pouvoirs constitutionnellement élus.

En cas de refus d'un ou de plusieurs conseils départementaux, les conseils communaux, en vertu de leur pouvoir autonome reconnu, devront prendre l'initiative de l'élection à la Constituante, la volonté de la majorité, librement exprimée, étant la loi suprême.

ART. 2.

Cultes.

L'Etat ne salarie aucun culte : il les respecte tous. (Article affiché dans tous les édifices afférents aux différents cultes.)

ART. 3.

Intérieur. — Droits des citoyens.

Liberté de penser, d'écrire, de parler, d'enseigner, d'imprimer, de se réunir, de s'associer, de pétitionner, de travailler, sans autre limite ou restriction que la liberté d'autrui : tous monopoles, priviléges ou distinctions étant abolis au profit de la communauté. L'auteur de tout projet de loi attentatoire à ces droits primordiaux sera puni du bannissement.

Le chapitre des fonds secrets est et reste supprimé.

(Article gravé en lettres d'or au frontispice de l'Hôtel-de-Ville.)

ART. 4.

Devoirs des gouvernants.

Les fonctionnaires de l'Etat, premiers serviteurs du pays, doivent tous concourir à assurer aux citoyens les droits qui leur sont garantis par la présente Constitution.

Toute atteinte à l'inviolabilité personnelle, ou du domicile, sans le mandat exigé par la loi d'*Habeas corpus*, remise en vigueur, sera punie du bannissement, sans préjudice des droits civils.

(Article affiché dans tous les bureaux des administrations publiques.)

ART. 5.

Extérieur.

L'État, s'inspirant de la fraternité universelle, son objectif humanitaire, ne reconnaît que des peuples frères.

La réciprocité est la base de ses relations internationales.

Le protocole de l'Union des États reste ouvert au siége du gouvernement.

ART. 6.

Instruction publique.

Toutes les aptitudes formant l'actif social, le capital intellectuel et moral de la nation, l'instruction primaire, qui doit les développer, est gratuite et moralement obligatoire : tout illétré — de même que tout insensé, — devant être exclu du corps électoral, pour n'être plus qu'un citoyen passif.

(Cette exclusion comminatoire sera appliquée à partir de l'année...) L'enseignement étant libre, l'instruction religieuse est à la charge et aux soins des familles.

ART. 7.

Force armée.

L'Etat, ayant mission de former des hommes et non des soldats, et répudiant l'esprit de conquêtes pour arborer le drapeau civilisateur des Etats-Unis d'Europe, n'a pas besoin d'armées permanentes ; il les licenciera aussitôt que possible. Le recrutement et l'inscription maritime sont abolis. La marine, se recrutant de volontaires, sera réorganisée en vue de la liberté des mers et de la guerre défensive.

Le service public de la sûreté générale sera fait par des volontaires de la liberté, entretenus par les citoyens et élisant leurs chefs. Les corps spéciaux et les grandes écoles du gouvernement, convenablement réorganisés, restent à la charge de l'État.

En cas de guerre, qui ne pourrait qu'être défensive, tous les citoyens sont soldats ; tous les biens de la nation sont employés à sa défense.

ART. 8.

Finances. — Impôts publics.

L'État, mandataire de la collectivité, laissant toute initiative aux citoyens, à l'exclusion de tout monopole, pour ne faire que ce qui serait impossible à l'individu ou aux groupes isolés ; règle le budget de ses recettes sur celui de ses dépenses nationales.

L'impôt public est unique, uniforme, progressif et proportionnel aux ressources des citoyens, mutuellement et solidairement assurés. L'État garantissant tous les risques dans la proportion de l'impôt payé et de l'actif déclaré.

Le Grand-Livre reste sacré pour la nation.

La Banque nationale est chargée de la trésorerie. Le numéraire, inutilement enfoui dans ses caves et représentant la monnaie fiduciaire, servira désormais à alimenter les Monts-de-Piété, réorganisés.

ART. 9.

Commerce. — Travaux publics.

Le commerce et l'industrie sont libres. Les travaux d'utilité générale sont dans les attributions de l'État.

Les départements, les cantons et les communes sont chargés des leurs. Les excédants libres, amortissement prélevé, sont appliqués aux travaux extraordinaires.

ART. 10.

Justice.

La justice est gratuite — au point d'être accessible à tous sans exception. Elle est rendue, au nom du peuple, par des jurés ou par des magistrats élus. Toute juridiction exceptionnelle, même à titre provisoire d'*état de siége,* est abolie : — tout citoyen devant être jugé par ses pairs ou ses juges constitutionnels.

La Cour suprême, gardienne du pacte fondamental et des lois qui en découlent, est nommée par le Président d'Etat, sur la présentation du comité législatif. Elle est, à ce titre, Cour de cassation, tribunal des conflits et contentieux d'Etat, fixant la jurisprudence.

Dans l'intérêt des justiciables, et par respect pour l'autorité des choses jugées, la procédure sera sommaire, la justice expéditive et peu coûteuse, et la juridiction unique : — Tout appel ou pourvoi, sans offrir plus de garanties d'une bonne justice, étant l'infirmation du prestige du juge, au seul profit du fisc, qui n'a plus de raison d'être.

Au dessus du tribunal unique, rendant arrêt, il n'y aura que la Cour suprême ou de révision souveraine.

Le talion étant un vestige de barbarie, la peine de mort est abolie. Les crimes et délits seront punis conformément aux lois organiques. Toute victime d'une erreur judiciaire sera indemnisée.

Il n'y a plus de délits de presse, si ce n'est pour défaut de signature ou de dépôt.

Le respect réciproque étant un devoir social, toute calomnie prouvée est assimilée au vol. La preuve pourra être faite.

L'honneur et les biens de chacun sont sous la protection de tous. La citation directe est abolie jusqu'à modification.

Nul ne pourra demander et obtenir justice que dans la forme voulue par la loi (1).

Les juges consulaires sont nommés par tous les commerçants (anciens patentés). Les tribunaux de commerce ne sont compétents que pour leurs électeurs.

L'institution des prud'hommes, arbitres, conciliateurs, jurés, sera étendue en raison des services qu'elle est appelée à rendre.

Les arbitres ou experts, salariés par les parties, sont supprimés.

Aucune grève ne pourra être déclarée avant

(1) Commentaire de la loi : Ceux qui croiraient devoir, en toutes choses, recourir au jugement *de Dieu*, devront accepter l'égalité complète des armes. Le sort désignera la victime. — (Le duel aura vécu.)

que la chambre des Prud'hommes n'ait épuisé toutes les voies de conciliation.

Des tribunaux de paix, de conciliation, d'arbitrage seront créés dans la mesure du besoin pour rester, chaque jour, en audience, selon les exigences du service.

Un commissaire de la loi siégera près de chaque tribunal pour veiller à l'exécution des jugements et à l'observation des lois.

Tout jugement sera rendu dans le mois de la mise en cause, et à tour de rôle. Une chambre ou une audience seront réservées pour les cas d'urgence réelle.

En cas de violation manifeste de la loi par un tribunal, la cause sera portée d'office, par le commissaire de la loi, devant la Cour suprême de révision, seul cas de retard pour l'exécution de tout jugement. Le tribunal qui aura violé la loi sera passible de tous les frais et dépens.

En cas de conflit, le texte de loi obscur ou ambigu sera modifié d'urgence sur la proposition du conseil législatif.

Autant par équité que pour encourager l'étude du droit usuel et de l'art oratoire, tous les citoyens pourront défendre et plaider devant les tribunaux, soit verbalement, soit par écrit. Toutes les corporations de toute robe sont abolies.

Tous les ans, les présidents de tribunaux présentent au comité législatif un rapport sur les lois ou articles de lois que, dans l'exercice de leur magistrature, ils auraient pu juger défectueux. Les codes, abolis en principe, resteront en vigueur jusqu'à leur révision, sauf la promiscuité des prisons, abolie dès ce jour ainsi que les lois sur la presse, sur le régime dotal sur l'usure et sur les faillites qui font place désormais au droit commun.

Organisation centrale.

Des comités d'organisation seront chargés de mettre toutes les lois et les règlements d'administration en harmonie avec l'esprit de la présente constitution. Les employés, non pourvus à nouveau, recevront une indemnité.

Un comité économique sera spécialement chargé de préparer les voies de l'avenir, par l'étude et la solution, par la liberté, de tous les problèmes sociaux qui agitent le monde.

Droits réciproques du producteur et du consommateur, aboutissant au libre échange et à la solidarité par l'assurance mutuelle de tous risques.

Travail selon la fraternité.

Liberté des mers, par la persuasion ou l'arbitrage.

Loi internationale de naturalisation qui, pour aider au progrès civilisateur, permette à tout homme libre de se faire citoyen du pays qui lui offre la plus forte somme de libre expansion, c'est-à-dire de bonheur réel. Tribunal arbitral pour toute contestation internationale.

Unité de poids, de mesures, de monnaies, d'idiôme et de dogme, par le triomphe de la raison conduisant à la paix : entité universelle dont les protocoles resteront toujours ouverts à toutes les nations du globe.

Armes et devise de la Nation.

L'Etat a pour armoiries sa constitution souveraine inscrite sur son drapeau étoilé (étoile immaculée sur champ d'azur), et gravée dans tous les cœurs libres, et pour devise :

« Fraternité selon Dieu, égalité de droits, liberté partout ! »

ARTICLE ADDITIONNEL.

En signe d'oubli de toutes discordes civiles, déjà amnistiées, les victimes de confiscations ou autres mesures politiques, seront loyalement indemnisées.

Les bronzes de tous les monuments élevés à

la gloire militaire, qui n'est que la glorification,
de la barbarie, seront employés à faire le premier fond des indemnités nationales.

Les diamants de la couronne et tous autres
objets d'utilité non générale seront aliénés, et
leur produit sera employé à la diminution de
l'impôt, par l'amortissement de la dette.

La présente constitution, œuvre du peuple,
peut toujours être révisée par le peuple. Elle
sera insérée au bulletin des lois, seul organe du
gouvernement. Des exemplaires seront déposés
dans les archives de tous les tribunanx et de
toutes les administrations et partout où besoin
sera pour l'édification des peuples.

TITRE II — ANNEXE

Organisation intérieure : communale, cantonale, départementale. — Séparation administrative. — Union politique. — L'autonomie communale dans l'unité nationale.

—

ARTICLE 1er.

Organisation de la Commune autonome.

> Les municipalités sont la base de l'état social, le salut de tous les jours, la sécurité de tous les foyers, le seul moyen d'intéresser le peuple au gouvernement et de garantir tous les droits.
>
> MIRABEAU.

La Commune est autonome. Elle dispose librement d'elle-même, au mieux de ses intérêts matériels et moraux, qui sont aussi ceux de la nation, dont elle fait partie intégrante.

Elle est représentée par un conseil communal, élu au scrutin de liste pour cinq ans.

Le nombre de ses membres est fixé d'après celui des électeurs communaux.

L'élection a lieu sur la liste électorale servant à toutes les élections.

Cette liste est dressée tous les ans par les

conseils communaux, d'après les bases constitutionnelles.

Le conseil municipal ou communal nomme directement son président ou maire, et ses autres édiles, dont les fonctions sont honorifiques, quoique démocratiquement rétribuées.

Il fait ses règlements d'administration communale ; il vote le budget des recettes et des dépenses, dressé par le président qui, chaque année, rend un compte moral, accompagné de celui du secrétaire-collecteur qui, lui, rend un compte effectif de valeurs ou matières.

Les édiles adjoints, au nombre de trois au moins par section ou par arrondissement communal, se partagent la gestion des intérêts communaux.

Ils peuvent toujours, ainsi que le président ou maire, être révoqués par la majorité du conseil communal, sur une demande signée par le tiers de ses membres, ou une pétition communale, légalement signée par la moitié des électeurs communaux. La même pétition peut demander la révocation du conseil entier. La constatation légale du nombre des pétitionnaires, entraînera de droit la réélection.

Le président, d'accord avec son conseil, nomme le secrétaire-collecteur chargé des écritures et des redevances communales.

Il nomme aussi ou révoque tous les fonctionnaires de la commune, à l'exception des
chefs de la milice, élus par les volontaires de la
liberté.

Comme auxiliaire du pouvoir central, le
maire promulgue les lois et ordonnances d'E-
tat en tout ce qui est conforme à la constitution.

En cas d'empèchement ou de refus de sanction, le commissaire de la loi y procédera d'office, sans conflit d'attribution.

La réunion officielle du conseil communal a
lieu quatre fois par an, au moins. Cependant,
le président du conseil peut toujours le convoquer lorsque la réunion est opportune.

Dans la cité capitale, chaque arrondissement
sera administré par un adjoint de la mairie
centrale, ce qui établira l'unité de direction qui
a fait défaut jusqu'ici, au grand détriment de
l'ordre et des administrés.

ART. 2.

Organisation du Canton.

Le canton, en dehors de son organisation
communale, est représenté par un conseil cantonal ; ce conseil est composé de tous les maires
ou présidents des conseils communaux du can-

ton. Il a la même durée que les conseils communaux.

Le conseil cantonal nomme, dans la forme ordinaire, son président, qui est de droit conseiller général ou mandataire du canton au conseil départemental. Il nomme son bureau et fait ses règlements. La réunion officielle du conseil cantonal a lieu deux fois par an. Cependant son président peut toujours le convoquer lorsqu'il le croit utile.

Ce conseil émet des vœux et s'occupe des intérêts communs à toutes les communes du canton. Il fixe, d'après la population, le cadastre et la loi de finances, la cote-part de chaque commune, soit pour l'impôt unique d'Etat, soit pour l'entretien des établissements d'intérêt cantonal : ponts, chemins, canaux, postes-médicaux, work-houses et autres institutions de prévoyance.

D'accord avec son conseil, le président nomme ou révoque tous les fonctionnaires cantonaux ; il les surveille ainsi que tous les intérêts cantonaux. Le secrétaire-collecteur de la commune cantonale remplit les mêmes fonctions auprès du conseil cantonal.

Le président cantonal fait un rapport annuel à son conseil et rend compte de l'accomplissement de son mandat de conseiller départemental. Il peut toujours être révoqué par la majorité, sur une demande signée par le tiers des membres du conseil ou même des électeurs du canton.

ART. 3.

Organisation départementale.

Le département, où viennent par délégation se concentrer les pouvoirs communaux et cantonaux, représente communes et cantons auprès du gouvernement central de l'Etat, en constituant la grande unité sans qu'aucun rouage administratif ou politique puisse être faussé.

Il est représenté lui-même par un conseil départemental composé de tous les présidents des conseils cantonaux du département. Sa durée est la même que celle des conseils communaux et cantonaux.

Le conseil départemental nomme, en la forme ordinaire, son président ou gouverneur départemental, ses vice-présidents et ses secrétaires. Il fait ses règlements particuliers et d'administration départementale : il émet des vœux et épuise son ordre du jour. Il se réunit deux fois par an ; mais il peut toujours être convoqué sur l'initiative de son président ou du gouvernement central. Il siège en permanence dans les cas spécifiés par la constitution.

D'accord avec son conseil, le président gouverneur départemental administre avec le concours de fonctionnaires qu'il nomme ou révoque directement. Il reçoit un traitement égal à celui des sous-secrétaires d'Etat. Les membres du conseil départemental reçoivent une indemnité lorsqu'ils siègent en permanence.

Le président gouverneur départemental présente un rapport annuel à son conseil, qui peut toujours le révoquer à la majorité des votes, sur une demande signée par le tiers de ses membres ou une pétition signée par le tiers des électeurs départementaux.

L'Etat est représenté au département par le commissaire général de la loi, par le trésorier départemental directeur de la banque nationale — ou succursale ; par le directeur du cadastre chargé de la confection des rôles de l'impôt d'état et autres taxes, par i'ingénieur départemental et autres chefs de service.

Les écoles professionnelles et normales supérieures des deux sexes, les gymnases, les collèges, les *Work-houses* modèles et autres institutions d'intérêt général, sont à la charge du département, ainsi que que la force armée chargée de la sécurité publique et de protéger le conseil départemental, ainsi que les libertés publiques garanties par la Constitution.

Article additionnel.

L'arrondissement, supprimé politiquement, sinon judiciairement, n'a pas de représentation nationale.

Les conseils départementaux pourront se concerter avec les autres conseils, pour des objets d'intérêt inter-provincial, à l'exclusion de tout traité politique, menaçant l'unité nationale et la constitution de l'Etat. Le conseil départemental nomme tous les juges départementaux, et tire les jurés sur la liste électorale.

ÉPILOGUE

DERNIÈRE AUX CORINTHIENS... DU PLÉBISCITE

Gaulois et Francs

Le parti qui, à l'heure sonnée par la providence (elle aveugle ceux qu'elle veut perdre), fuyait lâchement devant la responsabilité encourue et le châtiment mérité, en laissant un prétorien *en plan* au gouvernement de la *défense* qu'il *empêcha;*

Ce parti qui ne porte le drapeau du *chauvinisme fanfaron* que pour le rendre au second coup de canon; ce parti tourné vers le pôle corrupteur de l'argent son seul aimant;

Ce parti d'esclaves par destination, transfuges de tous les camps ainsi purifiés (1). Ce parti frappé de déchéance légale autant que morale;

---

(1) Le bonapartisme est un *exutoire* des autres partis, qui suinte tout ce qui est vénal : ce qui a *purifié et rendu viable* le parti républicain.

ce parti de bandits qui, osant s'assimiler aux « *honnêtes gens,* » parle avec « mépris » de la République… comme un meurtrier en rupture parle de sa victime ; ce parti de *vingt factieux,* puisant leur audace dans leur désespoir, qu'ils donnent comme plein d'espoir, et qu'on tolère parce qu'ils servent de balancier (1) ;

Ce parti « *délesté* » et bien mieux « *flétri* » que les pélerins de *Belgrave-Square,* qui ne procède que par corruption, intimidation, confiscations, exils et prisons ;

Ce parti de *bravi* préconisant le « *poignard sans gants* » pour *décrocher* (sic) un pouvoir de *cocagne sanglant ;*

Ce parti *anti français* qui calomnie la France (comme si elle était encore la Corse) en la disant prête, par l'effet de sa fascination vispérine, à subir un nouvel attentat, une *quatrième invasion,* un autre démembrement, et une plus forte rançon.

Ce parti de policiers qui, après avoir fait le 15 mai et le 24 juin 1848, a promené la torche inconsciente de la commune pour s'établir sur ses ruines fumantes…

Ce reptile vénéneux qui, pendant vingt ans, a souillé le sol français de son venin mortel ;

____

(1) Voir leur vote en faveur de la nomination *Cesarienne* des maires, etc. etc.

ce protée aux mille têtes menaçantes, fait de nouveau entendre ses sifflements délétères. Comme si ceux qui ont été infectés de son virus rabique n'en gardaient plus souvenance ni stigmate ; comme si la *fin* n'était pas la conséquence expiatoire du *commencement* ; comme si on pouvait jamais oublier le 2 *décembre : ce prurit* endémique du 18 *brumaire*, les dragonnades, la terreur, le brigandage et les proscriptions qui l'accompagnèrent ; l'odieuse guerre du Mexique, lâchement commencée contre le faible et honteusement arrêtée par le *veto du fort ;* la cynique mystification des obligataires ruinés au profit de certains familiers, plus riches que l'honnête *Sully*; l'homme de *Sedan*, enfin, qu'on ose effrontément glorifier de son « *abnégation* » de prisonnier, qui tient plus à la vie de sybarite qu'à l'honneur français.....

Quand il n'a de place qu'au *Pilori*, pour avoir *livré* cette armée dont il avait fait un instrument de despotisme en la lançant contre le peuple désarmé, et avoir encore ouvert nos frontières, sur lesquelles il basait son chauvinisme conquérant *destructeur de toute liberté* !

Que les citoyens se souviennent et se préservent de toute contagion, de tout contact avec la *Mafia* bonapartiste, la *Camorra* Corse !

France prédestinée à porter l'étendard de la

civilisation moderne, l'*Ananké* de miséricorde va te rendre une dernière fois l'arbitre de tes destinées suprêmes. Fais un choix véril entre le passé et l'avenir, entre la France *plébisci-tuée* et la France ressuscitée, entre la roche de perdition césarienne et le capitole de la libre pensée, entre la vie et la mort : « *Tu n'as plus une seule faute à commettre.* »

La Providence est lasse de tes cris d'enfants et de tes fétiches ! Plus de plébiscites trompeurs !

Vive la République libérale...

Avec le *statut national !*

LA GAULOISE

MARSEILLAISE ÉLECTORALE

Allons, enfants de Lutécie !
Le jour de gloire est arrivé :
Contre nous de la perfidie
L'état de siége est tout braqué...
Entendez-vous, sur la montagne,
Tous ces (1) héros dits de combat ?
Ils veulent, en fin de campagne,
Mettre Paris dans leur Etat !!!

Aux urnes, citoyens ! Tirons notre bull'tin !...
Marchons !... qu'un vote assure notre vrai destin !

La liberté, c'est la patrie
De tout peuple civilisé...
Pur amour de l'humanité,
Nous t'offrons tous plus que la vie...
La République est à élir' !
Sachons vaincre en sachant choisir :
Votons tous pour le radical
Statut international !!!

Aux urnes, etc.

THREESTARS.

(1) Ces-z-héros pour le rhythme.